TOLSTOI,
UN CUENTO DE HADAS

Título original: **Tolstoï, un conte de fées**
Traducción del francés: Rosa M.ª Martínez Alfaro
Primera edición en castellano: abril de 2010

Takatuka / Virus editorial, Barcelona
www.takatuka.cat

Impreso en El Tinter, empresa certificada ISO 9001, ISO 14001 y EMAS
ISBN: 978-84-92696-30-7
Depósito legal: B.17148-2010

TOLSTOI, UN CUENTO DE HADAS

HANNO

TakaTuka

1
CON TRES BASTA PARA UN CUENTO DE HADAS

Hay muchas cosas que hacen de nosotros unos niños. No voy a nombrarlas todas porque, entre nosotros, los tres sabemos perfectamente de qué hablo. Hay cosas que no nos gustan y tenemos prisa por crecer para librarnos de ellas. Medir un metro doce, aburrirse los domingos, tener miedo las noches de tormenta... o del hueco de las escaleras... ¿Cómo? ¿Que qué? ¡No me digáis que el hueco de las escaleras no os da miedo!

Aunque, en realidad, algunas de esas cosas hacen de nosotros seres aparte en los que a los mayores les gustaría mirarse. Como en un espejo deformante. Como si los adultos vieran en nosotros un reflejo de sí mismos... antes de hacerse mayores. Cuando todo se mueve todavía. Cuando los dientes aún tienen debajo otros completamente nuevos para sustituir a los antiguos. Cuando cada día, tres palabras nuevas llegan para divertir nuestra lengua y hacer cosquillas a nuestro cerebro. Cuando las ideas que se nos ocurren, todavía no son todas cuadrículas ordenadas en cajones de ideas cuadradas. Como una especie de gnomo de los bosques, pequeño ser ingenuo y fresco con el cerebro de caucho. Por cierto, yo misma soy un buen espécimen.

Como para la mayoría de los miembros de esta amable tribu, el amor que siento por los cuentos de hadas y otras fábulas fantásticas es casi como una segunda vida. Todo el mundo sabe relatos o por lo menos conoce algunos vagamente. Historias donde las personas vuelan gracias a sus botas, viven en casitas de chocolate o sobrevuelan la tierra entera a lomos de una oca sin que se nos ocurra preguntarnos cómo o por qué. Es simplemente así, entre nosotros se sobreentiende. Si la chica se ha dormido hace cien años y despierta con el gran beso baboso de un tipo que no conoce de nada, da igual. Si preguntas, no vale la pena seguir. A mí esas pamplinas maravillosas me gustan tanto que, si pudiera, seguiría siendo niña hasta los veinticuatro años. Para creer en ellos toda la vida.

2
TOLSTOI

Desde hace unas semanas en mi calle hay un sin techo. O sea, un hombre que duerme en la calle. Si digo un «sin techo», lo hago por vosotros, porque es más práctico: dos palabras y todo el mundo lo entiende. Yo habría preferido decir un «vagabundo». Al menos es una palabra auténtica. Los pasteles del supermercado no me gustan mucho. Me gustan los de la pastelería, que el pastelero mete en una caja de cartón que hace a propósito delante de nosotros. Me gustan los pasteles de verdad, hechos uno a uno con huevos de verdad que se rompen entre los dedos. Los pasteles que no sean todos iguales, como marcianos clonados en platillos volantes de plástico de fábrica atómica. Me gustan las palabras auténticas. Con «significado» de verdad. Porque, francamente, ¿qué quiere decir «sin

AM
VI

techo»? ¿Alguien que vive en una casa sin techo? ¿Alguien con miedo a los espacios cerrados? ¿O alguien que nunca toca techo?

Me cruzo con ese señor todas las mañanas. Cuando bajo a la calle para ir al colegio suele ser justo cuando él emerge de sus cartones. Si nuestras miradas se cruzan, él me saluda con palabras a medio tragar, con una sonoridad extraña, cargadas de un acento que le sale del fondo la garganta.

No hay por qué ocultarlo, no entiendo ni jota. Pero no pasa nada, entiendo el principio. Parece ser que en su país, por allí lejos, hacia la derecha del mapa, todo el mundo pronuncia las erres muy fuerte, como él, que lleva en la cabeza un sombrero de piel calado hasta los ojos.

Y, yo también, con el tiempo, a fuerza de verlo allí siempre, me he acostumbrado a saludarlo. Le digo *dasvidania*. Boris, el de judo, me ha ayudado a encontrar las palabras adecuadas. Sus abuelos eran polacos antes de morir, lo que hace que para él resulte más fácil. Es importante usar las palabras adecuadas.

Así que ya está (¡es justo aquí donde empieza de verdad mi historia!). Cuando llegó el invierno, el portal donde duerme habitualmente se volvió glacial y le pregunté a mi padre si no tendría algo de abrigo que pudiéramos darle. Al vagabundo sin techo. Estábamos en la cocina. Mi padre, en bata, acababa de coger una patata de la cazuela, recién apartada del fuego, y se disponía a pelarla con el cuchi-

llo. Levantó la cabeza, me miró con unos ojos de pupilas vibrantes que decían: «Y ahora qué más se te va a ocurrir...». Para hablar, las palabras no están mal, pero las pupilas te pueden dejar fulminado. Sin ser una gran especialista en pupilografía creo que después de los puntos suspensivos, iba una expresión del tipo: «¡Pobrecilla!». Justo después, se puso a gritar muy fuerte y la sorpresa hizo que me sobresaltara. Hay que darse prisa en pelar una patata caliente, si no, te quemas.

A pesar de todo, al día siguiente, nos buscó su viejo chaquetón familiar, y con Amalia, mi hermana mayor, fuimos a dárselo a aquel hombre.

El tipo se puso contento. Sostenía la chaqueta con el brazo tendido, revisándola por todas partes, y estaba en perfecto estado, que ya lo habíamos comprobado. En nuestra familia no se bromea con esas cosas, que nuestros antepasados costureros atravesaron tres ríos y seis continentes para llegar hasta aquí (o a la inversa, no hay que ahondar demasiado en mis conocimientos sobre geografía planetaria).

Al final, el hombre nos miró como si sus ojos hablasen, sacudió la cabeza poniéndose la chaqueta y, entonces, cuando empezó a querer hablarnos con sus cuerdas vocales, la cosa se complicó. No entendíamos su lengua en absoluto, que olía a alcohol y a haber dormido poco. Me hubiera gustado mucho que Boris hubiese estado con nosotras, con sus conocimientos de polaco y similares. El hombre señalaba con el dedo, alternativamente, el pecho y un libro archiusado que había sacado de su hatillo. Nos lo tendía con insistencia. En la tapa, unida al resto de las páginas por dos gomas, la única palabra que conseguíamos descifrar era «Tolstoi». Mi hermana sabe mucho de libros, ya tiene más de treinta o treinta y cinco en su biblioteca. Dijo que se trataba, sin duda,

del título o del nombre del escritor... o del editor o algo así, que no podía precisar más en aquel momento, que primero tendría que comprobarlo. El hombre seguía golpeándose el pecho con la palma de la mano y señalando el libro con su enorme dedo índice. Me hubiera encantado haber llevado una enciclopedia bajo el brazo para aclararlo. No la llevábamos. Así que, antes de que el tipo se pusiera nervioso o se hiciera daño, hubo que cortarlo.

A veces, no hay que complicarse la vida, no hay que buscarle tres pies al gato, no hay que analizar la ecuación. Hay que dejarse llevar por el primer impulso. Tal y como nos lo mostraba, tan insistente, aquel grueso libro y él parecían una sola cosa. Y esa palabra, la única que nos saltaba a la vista, esa palabra era lo que deseaba transmitirnos. Su nombre, su identidad. Así que, desde aquel día, lo llamamos así. Tolstoi.

El jueves de aquella misma semana, mi hermana volvió de casa de su amiga Lucía con algo para tapar a Tolstoi... pero no al libro, sino al hombre del portal. Era una manta de lana, de un bonito color ciruela, muy gruesa, casi nueva, con un ribete de raso alrededor. Al día siguiente, por la tarde, la dejamos en su portal. Él no estaba allí en persona, pero sus cartones y su saco de dormir lo esperaban, amontonados y plegados detrás de un poste.

A partir de entonces, lo más a menudo posible, Amalia o yo le dejábamos algo de comer, lo que mendigábamos en el comedor del colegio, donde parece mentira lo que se tira, habiendo gente que pasa hambre fuera. Aunque no siempre encontrábamos algo para llevarle. Y también nos pasaba que se nos olvidaba completamente y no nos dábamos cuenta hasta que estábamos en la calle. A veces, incluso, para no arriesgarme a encontrármelo con las manos vacías, en vez de subir la calle directamente para volver a casa, daba un enorme rodeo por correos. Después he aprendido que esa sensación que te come el coco y te pone mal cuerpo tiene un nombre. Se llama mala conciencia. Algo que te carcome las neuronas por nada importante.

No sé a vosotros, pero a mí, desde que soy lo suficientemente mayor para haberme dado cuenta de que hay personas que duermen en la calle, se me hace raro. En verano tiene un pase. En verano hace buen tiempo, a todo el mundo le gusta estar en la calle. Pero, ¡en invierno! Con el frío, haciéndose de noche a las cinco de la tarde y la gripe merodeando. Cuando no ronda la escarlatina. Aquí hay algo que falla, ¿no? Con todas esas oficinas que hay en la ciudad, iluminadas como platós de cine y que por la noche se quedan vacías. Permanecen tranquilas y calientes para nadie. Con todas esas casas de campo que, diez meses al año, no albergan más que a un puñado de ratones y unas cuantas arañas... Si pienso en eso, se me hace raro. Si pienso en eso, es porque nosotros también tenemos una, una de esas casas. Se llama La Tejería. Tengo una foto en la cocina, pegada en el frigorífico con un imán. Y cuando no estamos pasa lo mismo: dos vueltas de llave en la cerradura y, ¡hala, bienvenidos ratones!

Mi padre dice que pensar así es de niñas pequeñas y que con eso no hacemos girar la bola del mundo. Mi padre no es muy sensible a nuestras ideas infantiles, que a veces ya están en el molde, pero aún no completamente cocidas.

No importa. Muchas veces, por la noche, volvía a la carga. A menudo durante la cena. Con esas mismas preguntas tontas e infantiles que no sirven para mover la bola del mundo o cualquier otro peso considerable. En todo caso, a veces, simplemente hacer la pregunta ayuda. Bueno, cuando Pedrito, mi primito de tres años, aparecía con la boca llena de

«¿por quéee?», acabábamos enviándolo a paseo. «¿Por qué? ¿Por qué? ¿Por qué?» Eso marea un montón. Y, como he dicho antes, hablando de cuentos de hadas, si empiezas a preguntarte por qué, la llevas clara.

Con Tolstoi, mi padre actuó exactamente igual. Cuando agoté su paciencia atacando siempre con el mismo tema, aunque tengo que decir que mis preguntas eran muy simples comparadas con sus respuestas siempre tan complicadas. Ya ni siquiera se tomaba la molestia de escucharlas. Me miraba dos segundos por encima del hombro y continuaba con lo que estaba haciendo, como si mis palabras cayesen en saco roto.

Así fue durante mucho tiempo...

Hasta el día en que decidió ir. Tengo que decir que Amalia me echó un cable importante. Lo habíamos mareado tanto aquel día que, si nuestras palabras hubiesen sido vino, habría acabado completamente borracho.

Soltó el periódico, se levantó bruscamente del sofá y, amenazándonos, blandiendo el dedo índice hacia nosotras como un revólver, dijo: «OK, si es eso lo que queréis, ya veremos lo que pasa...»

«Ok» significa «de acuerdo» en americano, pero él sólo parecía estar de acuerdo a medias. Estaba harto de que lo hartaran.

Se puso la chaqueta, recorrió el pasillo y la puerta de la entrada se cerró a sus espaldas de un portazo.

Amalia y yo nos quedamos boquiabiertas, con los ojos como platos, en silencio, un poco sorprendidas, por lo menos, de que nuestras artimañas hubiesen dado aquel fruto. No demasiado seguras ni de nosotras ni de lo que acabábamos de provocar, nos dio un ataque de risa. Risas en vez de palabras.

Las vacaciones se acercaban y teníamos prisa por marcharnos. La Tejería, ¡lo habéis pillado! Ésa era mi idea (y aquí, atención, ¡aquí es cuando mi historia se transforma en un cuento de hadas!).

3
LA TEJERÍA, PRIMERA TEMPORADA

Sólo nos íbamos para una semana, pero el coche iba lleno. Lo único que quedaba libre era el asiento de mamá, donde no se sentaría nunca más. Papá se había distanciado de Filomena, su nueva novia (¡os prometo que se llama así!), e íbamos la mar de tranquilos nosotros solos.

La cita estaba marcada a las nueve. Al dormir en la calle, Tolstoi no era un jardín de rosas. A pesar del respeto que le teníamos, la mayoría de las veces, apestaba. A las nueve en punto estaba allí, según lo acordado, delante del café en la esquina de la avenida. Lo mirábamos desde el coche. Afeitado y recto como una vara enfundado en su ropa limpia. Mi padre estaba al otro lado del cruce, parado en el semáforo. No quería pitar. El semáforo pasaba, por tercera vez, del verde al rojo, abrí la puerta y bajé para ir a buscarlo.

Se montó delante y colocó su minúscula bolsa hecha un ovillo entre los pies. Su pelo olía a champú. Todo parecía muy fácil. Mi padre le estrechó la mano, metió las marchas y se dirigió hacia la salida de la ciudad. No había muchos coches. En cuanto llegábamos a su altura, en los cruces, los semáforos cambiaban de color para abrirnos el paso. Llegamos a la autopista rapidísimo. Ya os lo he dicho, como en un cuento de hadas. Durante todo el trayecto, nubes blancas cabalgaban en el cielo azul, dibujando muchos animales raros y afelpados que nos ayudaban a pasar el tiempo. Michina, nuestra gata, maullaba en su jaula, donde la habíamos encerrado para que no se hiciera pipí por todo el coche. A veces, papá nos observaba por el retrovisor, como solía hacer, para tomar el pulso general del ambiente. Tolstoi miraba hacia delante. Amalia y yo habíamos agotado nuestros juegos de coche, a base de enigmas y de estrujarnos el cerebro, mientras que ellos, delante, fumaban cigarrillos. Sin hablar prácticamente nada, porque al volante, la mímica, es muy peligrosa. El olor a tabaco era agradable.

Llegamos a La Tejería bastante pronto por la tarde. En cuanto bajamos del coche, mi hermana y yo nos propusimos que Tolstoi hiciera el *Gran Recorrido.* El *Gran Recorrido* es la visita tradicional a La Tejería y sus alrededores, incrementada con todo lo que al recién llegado le importa un pito pero que, a nosotras, nos parece superimportante. Nuestros escondites; el inventario de los árboles y la fecha de sembrado; el número de botes de mermelada sacados de tal o cuál arbusto; el destino de los caminos, carreteras y senderos de los alrededores, con la evaluación de la duración del recorrido; sin olvidar el nombre de los vecinos, de su ascendencia y eventual descendencia, además de numero-

sas anécdotas más o menos apasionantes que sólo nos divierten a nosotras... incluso cuando el visitante tiene la suerte de compartir nuestra lengua.

Ése no era el caso de Tolstoi. Tampoco era una de esas personas que se deleitara con la amplitud de nuestros conocimientos mostrando una sonrisa cómplice en los labios. Se limitaba simplemente a seguir a sus guías, guiñando los ojos con la cabeza en Babia. Como todo aquello no le apasionaba, nos cansamos.

Justo antes de anochecer, mi padre le enseñó la cabaña y le ayudó a arreglarla rápidamente para hacerla más acogedora. Éste sería su sitio. Para que encontrase el camino por la noche, papá le dejó nuestra superlinterna hermética de caucho. Tolstoi nos indicó que todo aquello le parecía muy bien, lo que alivió un poco nuestra mala conciencia por la casa, en la que había bastantes camas para alojar a un Tolstoi de más, sin embargo, acabó heredando un viejo colchón de lana del granero, aislado del suelo de tierra de la cabaña por dos maderos y un somier de tablas. ¿Que por qué? Pues porque no es tan fácil adoptar a un viejo que no conoces de nada, con careto de bandido y los dientes negros, así como así. Aquella noche, como el resto de noches de la semana, cerramos las puertas de la casa con llave. Con eso está todo dicho.

Levantándonos tarde, paseando al viento, haciendo mermeladas de frambuesa, fueron pasando los días. Durmiendo bien, comiendo bien, todos nos recuperamos. Tolstoi había ayudado a papá a reabrir el camino hacia el Pueblo Nuevo, una idea fija que arrastraba desde hacía al menos un año. Ambos se pasaron tres días en los matorrales, batallando machete en mano entre la maleza de zarzas. Todo iba sobre ruedas. Y después mi padre nos encargó a nosotras, las chicas, que llevásemos a la leñera el ramaje cortado. Se supone que porque el camino también lo íbamos a utilizar nosotros. A pesar de todo,

hay mejores cosas que hacer en la vida que abrir un camino a través del bosque virgen en una semana de vacaciones.

Tolstoi nos acompañó en la mayoría de nuestras actividades como el año anterior lo había hecho Rafik, el amigo finlandés por correspondencia de Amalia.

Bueno, en cuanto a conversación se refiere, tanto con el uno como con el otro, no había mucha diferencia: no se podía esperar mucho más. Era un poco como la evolución en grado cero. En cambio, comparado con Rafik, Tolstoi ponía menos malas caras, eso lo aseguro. Quizá también porque, para él, ésta no era la primera vez que estaba lejos de sus padres. Y, además, otro punto favorable para este buen hombre era que siempre estaba dispuesto a echar una mano.

Odio fregar los platos. En mi clase, al menos el setenta y ocho por ciento de las familias tienen un lavavajillas. Nosotros, no. Ni en casa, ni en La Tejería. La ventaja con Tolstoi era que a él le importaba un pito. No es que yo hubiera pensado en hacerlo mi esclavo personal desde el principio, pero cuando después de comer, me vio acercarme al fregadero y coger el estropajo, hizo que me apartara dándome un enorme cachete en el culo. Y en cuestión de cachetes en el culo, con él, os lo prometo, no estaba dispuesta a luchar.

Nuestra estancia acabó por llegar a su fin. A la hora convenida, más dos horas más, cuando Amalia consiguió atrapar a Michina, nuestra reducida familia se metió en el coche y nos fuimos. No íbamos a volver en cuatro meses, pero Tolstoi nos dijo que le parecía bien. Por otra parte, durante esos días que pasamos juntos, todo había ido muy bien. Es más o menos lo que llegaba a darnos a entender con

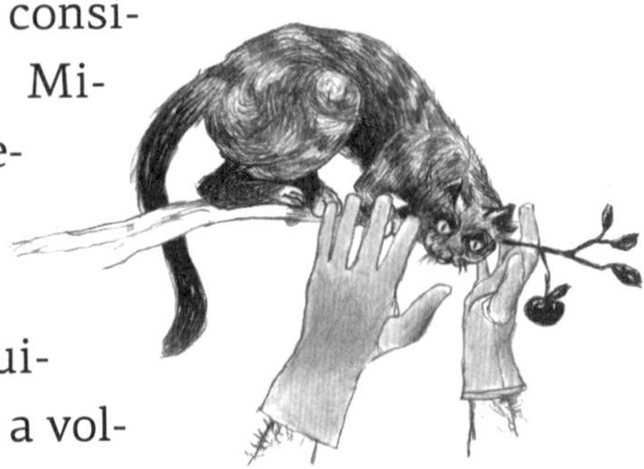

sus manos y sus trozos de palabras remendadas con superglú. Algo práctico para alguien a quien, a falta de vocabulario para decir lo contrario, la vida siempre le está bien.

En el coche, durante el camino de vuelta, hablamos un montón. ¡Seiscientos ochenta y siete kilómetros dan para mucho! Y además, aquella semana con Tolstoi había sido algo extraordinario, todos los sabíamos. Según mi padre, una vez que nos fuéramos, el hombre no duraría mucho. Desaparecería de La

Tejería y de nuestras vidas como entró. Como un fantasma. Vivir en el campo, sin el ajetreo de la ciudad, es duro. Sin tiendas, sin el ir y venir de la gente, sin los que dan propina, sin coches y sin todo ese jaleo. También es duro vivir en una cabaña completamente pútrida, añadí. Papá me echó una mirada asesina por el retrovisor, asegurando que la cabaña no estaba en absoluto pútrida y que, además, según los diccionarios más recientes, se decía «podrida». Le dije que yo decía lo que me daba la gana y tomé la decisión de no abrir el pico el resto del viaje. Doce kilómetros.

Es importante utilizar las palabras adecuadas, aunque a veces no sea precisamente LO más importante.

La Tejería es un lugar un poco aislado en pleno campo, aunque no muy lejos, en el pueblo, vive Marcelo, un buen amigo nuestro. Siempre se desplaza en mono de trabajo, raramente camina. La mayor parte del

tiempo la pasa con el culo pegado al asiento de su enorme tractor americano. Marcelo es agricultor. Un agricultor moderno, como dice él. Incluso tiene un equipo estéreo en la cabina del tractor. Cuando labra, con la radio, pase, pero con los cedés, es terrible, todo el rato saltan.

En todas las colinas e incluso alrededor de nuestra casa, Marcelo cultiva campos inmensos. Aunque secos y llenos de piedras, hace que en ellos crezcan un montón de cosas, como viñas, girasoles, maíz y otras especies con tallo de las que no recuerdo el nombre. El tema de los cereales no es en absoluto mi especialidad. También, alrededor de su granja, en los prados invadidos por hierbas al borde del pueblo, hay decenas de árboles frutales. Todos los años, durante la época de la cosecha, el trabajo le sale por las orejas y entonces busca refuerzos. Él dice «brazos». Antes de irnos, papá le presentó a Tolstoi, que justamente tiene dos... por si acaso... No pudimos llegar a entender cuál era su profesión antes de irse de su país, aunque de todas maneras, tratándose de albaricoques, no hay que haber estudiado comercio para saber cómo se cogen.

4
LA TEJERÍA, SEGUNDA TEMPORADA

Pasaron cuatro meses antes de regresar a La Tejería. Ya casi no pensábamos en Tolstoi.

Amalia había empezado a hacer de cantante en el grupo de su novio, Los Estalactitas. Dos guitarras, ni siquiera eléctricas, un simple tambor con un pobre platillo... Más malos y te mueres. Se supone que soy demasiado pequeña y que no puedo entenderlo.

Tras separarse de Filomena, papá se pasó el tiempo fuera, buscando su media naranja por toda la ciudad. Yo, por mi parte, saqué todo el tiempo malas notas, me salieron granos en la cara y Boris pasaba de mí. Él practicaba los katas de judo con Maylis y me evitaba como si yo fuera la reencarnación de Bruce Lee.

Aunque él, en La Tejería, sí. Él, Tolstoi, sí que pensaba en nosotros. Y como seguro que Marcelo le anunció nuestra llegada, incluso nos estaba esperando. De verdad.

Era un día muy soleado. Desde la gran curva, por encima de la colina y justo antes de llegar, habíamos visto la gran mesa puesta debajo del cerezo. El mantel blanco que la cubría, ondulando al viento, hacía resaltar el verde del prado.

Apenas habíamos salido del coche y Tolstoi se acercó, nos estrechó las manos a todos, incluso a nosotras, las niñas. Mirábamos la mesa del banquete a su espalda: una vajilla desparejada, grandes copas, porcelana blanca y bonitos cubiertos. Y, justo para nosotras, las chicas, dos botellas de zumo, de uva y de manzana, que el sol hacía resplandecer con bonitos colores en el mantel relumbrante. Había una botella de vino descorchada encima de un platillo metálico, y las hojas de una gran ensalada verde relucían llenas de salsa en una ensaladera de cristal azul. Venía que ni pintado, mi padre traía a Matilda, la nueva, por primera vez. Con ese gesto consiguió que ella, que es un poco pesada, fuera casi amable el resto de la semana.

Una vez que nos soltó las manos, todo el mundo se quedó allí plantado, inmóvil, como si hubiese pasado un ángel. Por decir algo y no mostrar su incomodidad, papá decretó que era el momento de guardar el equipaje. Tolstoi sugirió que, antes, nos sentásemos a la mesa...

«Comer mientras estar caliente, mucho mejor.»

Todos nos miramos. Había hablado en nuestra lengua, con palabras de verdad, una detrás de otra, con frases organizadas. Un poco irregular aún, pero poniendo atención, se entendía perfectamente.

Mientras él desaparecía por detrás de la cabaña, nos instalamos bajo el cerezo. Eran las cuatro de la tarde. Habíamos hecho un copioso picnic en ruta, apenas dos horas antes de llegar, teníamos la barriga llena. Nadie creyó conveniente decir nada.

Olía a fuego de leña. Al cabo de dos minutos, Tolstoi reapareció con una gran bandeja de madera en las manos y, encima, dos enormes pizzas. Entraba hambre sólo de mirarlas, con sus grandes olivas negras y sus anchoas dibujando estrellas. Las puso en la

mesa con una sonrisa mellada, pero nosotros nos levantamos. Y, todos a una, fuimos detrás de la cabaña a saciar primero nuestra curiosidad.

Un horno para hacer pan. El viejo horno de ladrillos. Lo había reconstruido.

Tolstoi era un tipo curioso.

Durante aquellos meses se había arreglado la cabaña como una casa de verdad. En su casa todo había sido recuperado de aquí y de allí, de las cosas que la gente abandonaba a la buena de Dios en las aceras del pueblo o incluso en el vertedero municipal, al pie de la colina.

Tolstoi preparaba su comida en una cocina de leña que, cuando hacía frío, también servía para calentar la pequeña sala. Tenía una tele, algunos libros y revistas en una estantería, una silla, un sillón de mimbre algo deshilachado, varias lámparas, e incluso una mesa de madera, de la que la cuarta pata era una rama de árbol en bruto, toscamente cortada con hacha. Con clase.

En un trozo de tierra al final del terreno había plantado un montón de cosas de comer. Perejil o rábanos, por ejemplo, que Marcelo le envidiaba porque los suyos este año no habían crecido. En el huerto de Tolstoi, crecía todo. Entre las malas hierbas. En efecto, Marcelo, que lo había contratado en la granja para dos grandes meses de cosechas, le había dado las semillas y algunas recomendaciones básicas. Fue él también quien, ayudándolo a instalar una toma de agua, empezó a enseñarle nuestra lengua.

Amalia y yo no íbamos al río con Tolstoi. Primero, porque el verano todavía no había llegado y el agua estaba helada. Y, segundo, porque mi padre nos lo había más o menos prohibido. Aunque, a veces, al final del día, lo seguíamos como quien no quiere la cosa, observándolo de lejos entre las ramas de los sauces. En fin, he dicho «sauces», pero no sé en absoluto si lo son, no soy una especialista en botánica hortícola.

Había encontrado una charca de agua inmensa que no conocíamos, remontando el río, bastante más lejos que nuestro rincón habitual. Una vez pasado el puente de las higueras, había que atravesar los matorrales y bordear un sendero, trazado a fuerza de ir pasando. Una decena de metros más allá, se llegaba a una especie de playa de guijarros donde el río se instalaba a sus anchas, en medio

de las rocas. Se bañaba completamente desnudo y se lavaba con plantas, arrancadas a puñados por todas partes. La primera vez, me quedé de una pieza. Apenas se había frotado el cuerpo con ellas y, en un momento, su piel se cubrió de una espuma blanca con la consistencia del jabón. Amalia se acercó y, ante mi cara de pasmo, a dos centímetros de mi nariz, me susurró: «¡No sabes nada de nada, es hierba jabonera!». Vale, vale, no nos pongamos nerviosos, que no todo el mundo tiene la jabonoplastia vegetal infusa.

A menudo, sin duda porque el agua estaba realmente fría, acababa el baño en cinco minutos. A veces, sin embargo, si el sol había brillado fuerte durante el día, Tolstoi se entretenía un poco más. Rebuscaba por todas partes algunas piedras planas y, a solas, hacía un concurso de tirar piedras. Era duro resistirse. Yo, que soy LA experta en la especialidad deportiva de hacer rebotar piedras en el agua. En todas las categorías.

5
OLGA

Pasaron los meses.

Como cada vez había más gente que se lo pedía, Tolstoi cocía cada semana cien panes en su horno. La noticia corrió de boca en boca como la pólvora. No creo que Tolstoi fuese panadero en su otra vida, pero su pan era algo más que bueno. Una delicia, diría. En nada de tiempo se hizo con una clientela fiel que apreciaba su consistente pan. Los que podían, pasaban directamente por La Tejería a recoger su pedido. Otras veces, Tolstoi metía unos veinte en la mochila y se iba a repartirlos con la bicicleta por todas partes. Así, endurecía las piernas y ganaba algo de dinero. Primero, para comprar harina y volver a empezar. Después, para conseguir lo que le pareciera y que difícilmente se encontraba en los vertederos, como por ejemplo: char-

cutería, vino tinto y tabaco rubio, calcetines o pastelillos de almendras, que había descubierto aquí y que son una delicia.

Cuando pasábamos algunos días de vacaciones a su lado, Tolstoi no nos contaba muchas cosas. A Amalia y a mí nos encantaba darle de comer a sus gallinas, que instaló al otro lado del camino, a orillas del río, para que no apestara demasiado cerca de la casa. A cambio de nuestro trabajo, nos daba huevos. Hacíamos pasteles y él, para complacernos, los cocía en su horno al lado de sus panes. Pero a medida que pasaba el tiempo, íbamos haciendo menos cosas juntos. Cada uno vivía su vida lado a lado, como si fuésemos vecinos. Es por naturaleza discreto, nos había dicho Marcelo, que empezaba a conocerlo bien. Y además, había tomado la costumbre de visitar a los lugareños, codeándose con ellos más que nosotros, que desaparecíamos en cuanto acababan las vacaciones.

La última vez, un poco emocionado, nos anunció que iba a marcharse de la cabaña, a irse de La Tejería. Al principio, lo miramos sin entenderlo, con los ojos atónitos. A cambio de sus «brazos» en las cosechas, Marcelo le había ofrecido una casa, en el pueblo. Aunque pequeña, era más espaciosa que nuestro viejo refugio lleno de agujeros. Y, en invierno, tendría más gente alrededor. Para charlar, nos dijo, y nos entró la risa.

El día del traslado celebramos una gran fiesta. Olga había sustituido a Matilda como novia de mi padre. También era morena y nos llevábamos bien. Tolstoi y ella se pasaron hablando toda la velada en esa lengua que, por una casualidad de los orígenes, compartían. Y cuan-

do se acabaron los últimos trozos de tarta, cuando la cera de las velas había perdido la rectitud del cirio para derretirse en espesos charcos sobre las mesas, cuando los reunidos empezaban a tener los ojos rojos, ambos se pusieron a cantar. No sólo para ellos, sino para todos. Él con una voz grave que jamás le habíamos escuchado. Y, hasta que nos fuimos a dormir, encadenaron una canción tras otra. Unas canciones con letras como el yogur. Canciones para llorar. Y eso es lo que hicimos, una verdadera felicidad.

Si el relato se acabara aquí, sería realmente una historia muy bonita. Podríais sospechar, incluso, que me la he inventado, de tan llena de nobleza que está... y de buenos sentimientos. Como se decía antiguamente.

Pero si sentís un poco de curiosidad, ya sabéis que a mi fábula le falta todavía un capítulo por desarrollar. En los cuentos, los malos suelen ser seres maléficos con cabezas retorcidas y rencores de varios siglos. Pero en mi verdadera historia, son más bien como tú y como yo, aunque cueste entenderlo.

Venga, no os voy a hacer esperar más y a continuación veréis lo que pasó al final (¡aquí es donde mi cuento de hadas se aplasta como una boñiga seca!).

6

BOÑIGA SECA, ADIÓS PAN

Se acabaron las vacaciones y nos fuimos. ¡El colegio! ¡Que se e come todo el tiempo! Todos habíamos retomado nuestra rutina en la ciudad, esperando las próximas. Así que, este episodio nos lo contó Marcelo. Mucho más tarde, mucho tiempo después, porque el teléfono y él son cosas aparte.

Al principio de nuestras siguientes vacaciones fuimos a hacerle una visita, como de costumbre al día siguiente de nuestra llegada. A la hora del café. Sentado en la cocina, dándole vueltas con tristeza a un vaso de aguardiente vacío sobre el mantel con dibujos de verduras, nos relató los hechos. Con tristeza, y no porque el vaso estuviera vacío.

Una mañana, al alba, vino la policía. Alguien la había llamado por Tolstoi. Cuando explico algo, si digo *alguien*, a menudo quiere decir *nosotros*. En este caso se trata de un *alguien* con el que quiero decir: «alguien, ves a saber quién, no se sabe exactamente, aunque...». En los sitios pequeños como éste, todo el mundo se conoce. Ese *alguien* es un *alguien* cargado de significado

Y la policía lo detuvo. A Tolstoi. Lo esposaron. A nuestro Tolstoi. A ese que nunca molestaba a nadie, héroe, sin saberlo, de mi cuento de hadas. La policía lo metió en la cárcel, en la capital de la provincia. ¿Que qué había hecho? «Ejercicio ilegal del oficio de panadero». Es lo que ponía en los papeles, en el tribunal. Marcelo lo vio con sus propios ojos. Le sacaron todo el expediente de un archivador, expresamente para él. Se trataba de una sentencia, de algo oficial, como lo que hacen con la gente que mata. Pero lo que ponía era exactamente: «Ejercer ilegalmente el oficio de hacer buen pan para provecho de glotones». Vaya, me parto de risa. El problema no era el pan. Era el dinero que ganaba con él. Con sus cien panes a la semana. Y todas las demás preguntas que no nos hacemos nosotros, los tres. Porque que un Tolstoi pase de la calle a una casa, del olor a vomitona al olor a fuego de leña, del no hacer nada a ser panadero, que ese señor siembre alegría en nuestros paladares, que nos estreche entre sus enormes brazos como si fuésemos sus amigos de siempre, esas cosas no interesan nada en absoluto.

¿Qué queréis que os diga? Seguro que los mayores comprenden esto mejor que nosotros. O se es un niño o no se es.

EPÍLOGO

No fue él el que decidió regresar allí. Fue la policía u otro ministerio quien le pagó el billete. Por suerte, porque su pueblo está un poco lejos. Por lo que parece, Boris no tiene intención de volver a hablarme, no lo he comprobado, pero creo que hay que atravesar ríos y países antes de llegar. Incluso en avión, debe costar un ojo de la cara.

Me imaginaba que nos enviaría una carta o algo parecido, pero, por ahora, después de los ocho meses que hace que se marchó, aún no ha llegado nada. Me han dicho que el correo, allí, no funciona como aquí.

ÍNDICE

En tu piel

Emmanuel Bourdier
Traducción: Ariadna Martín
86 páginas
12 x 18 cm, rústica
ISBN: 978-84-92696-33-8
Takatuka novelas

¿Y si un buen día te despertases en la piel de otra persona?

Ricardo odia a Malal. A lo mejor porque Malal es negro...

Un día, jugando a fútbol, Ricardo golpea a Malal. En ningún momento se había imaginado el efecto que tendría ponerse en su lugar, en su vida, en su piel.

Debería habérselo pensado antes.

Ahora, ya no hay elección.